Visuelles Wahrnehmungstraining zur Erreichung sportlicher Expertise

Eray Erdem

Bibliografische Information der Deutschen Nationalbibliothek:

Die Deutsche Nationalbibliothek verzeichnet diese Publikation in der Deutschen Nationalbibliografie; detaillierte bibliografische Daten sind im Internet über http://dnb.d-nb.de abrufbar.

ISBN: 9783346574282
Dieses Buch ist auch als E-Book erhältlich.

Druck und Bindung: Books on Demand GmbH, Norderstedt Germany
Gedruckt auf säurefreiem Papier aus verantwortungsvollen Quellen

Das vorliegende Werk wurde sorgfältig erarbeitet. Dennoch übernehmen Autoren und Verlag für die Richtigkeit von Angaben, Hinweisen, Links und Ratschlägen sowie eventuelle Druckfehler keine Haftung.

Das Buch bei GRIN: https://www.grin.com/document/1165657

Philipps-Universität Marburg

FB 21: Institut für Sportwissenschaft und Motologie

SE: Bewegungskonzepte – Wahrnehmung und Bewegung

WS18/19

Hausarbeit

Visuelles Wahrnehmungstraining zur Erreichung sportlicher Expertise

Inhaltsverzeichnis

I Abbildungsverzeichnis

1 Einleitung

In sportlichen Wettkämpfen stellen Athletinnen und Athleten stets ihre herausragenden Leistungen unter Beweis. Neben sportmotorischen Fertigkeiten beeindrucken Sportlerinnen und Sportler auch durch ihre Wahrnehmungsleistungen. So müssen beispielsweise im Herrentennis Aufschläge innerhalb von 500 ms erfolgreich zurückgespielt wird. Ähnliche hohe Anforderungen an die Wahrnehmungsleistung werden an Torhüterinnen und Torhüter im Hand- oder Fußball gestellt (vgl. Hänsel, Baumgärtner, Kornmann & Ennigkeit, 2016, S. 31f).

Vor dem Hintergrund außergewöhnlicher Leistungen im Spitzensport stellt sich die Frage, inwieweit sich die visuelle Wahrnehmungsfähigkeit von Expertinnen bzw. Experten und Novizinnen und Novizen unterscheiden und wie sich die Wahrnehmungsfähigkeit verbessern lässt.

Um sich dieser Frage anzunähern werden zunächst kognitive und handlungstheoretische Grundlagen geschaffen. In diesem Zusammenhang werden zunächst die Begrifflichkeiten Wahrnehmung und Handelung geklärt. Zur Erläuterung des Begriffs Wahrnehmung wird in erster Linie der ökologische Ansatz von Gibson, der die Wahrnehmungsforschung nachhaltig geprägt hat, herangezogen. Darauf folgend werden im Rahmen der Definition des Begriffs Handlung zwei Ansätze vorgestellt. Im Anschluss daran wird die Beziehung zwischen Wahrnehmung und Handlung dargestellt. Zum Abschluss dieses Kapitels werden die Begriffe Aufmerksamkeit sowie Antizipation bestimmt, welche wichtige kognitive Fähigkeiten im Sport ausmachen.

Der weitere Verlauf der Arbeit befasst sich mit visuellem Wahrnehmungstraining im Sport. Zunächst werden die Wahrnehmungseigenschaften von Expertinnen und Experten aus dem Sport herausgestellt. Darauf folgen unterschiedliche Formen des Wahrnehmungstrainings, deren Effektivität geprüft wird. Des Weiteren sollen Instruktionen aufzeigen, wie sie bei der Verbesserung der Wahrnehmungsfähigkeit unterstützen können. Abgeschlossen wird die Arbeit mit einem Fazit.

2 Kognitive und handlungstheoretische Grundlagen

2.1 Wahrnehmung

Im Laufe der Geschichte haben sich innerhalb der Wahrnehmungsforschung verschiedene Theorien und Ansätze zur subjektiven Wahrnehmung der Umwelt entwickelt. Die traditionelle Wahrnehmungspsychologie war im klassischen psychophysischen Sinne konzipiert. Dabei wurde der komplexe Wahrnehmungsvorgang in möglichst einfache Aufgaben zerlegt, bei denen dann ermittelt wurde, welcher physikalisch definierte Reiz zu welcher Wahrnehmungsantwort führte. Dies geschah ausgehend von einer Vorstellung vom Wahrnehmungsvorgang, nach dem das Auge wie eine Kamera Abbilder der Umwelt liefert, die dann ausgewertet werden. Diese Annahme hat sich als unhaltbar erwiesen (vgl. Loibl, 1990, S. 22).

Die jüngere Wahrnehmungspsychologie hat vor allem in Anschluss an Gibson das klassische psychophysische Paradigma verlassen und sich einer komplexeren Betrachtung des Wahrnehmungsvorgangs gewidmet (vgl. ebd.). „Wahrnehmung ist nach Gibson auf das Erfassen von handlungsrelevanten Informationen ausgerichtet" (Ritter, 1986, S. 9). Nachfolgend wird sein ökologischer Ansatz zur visuellen Wahrnehmung vorgestellt.

2.1.1 Der ökologische Ansatz der Wahrnehmungsforschung

Der ökologische Ansatz der Wahrnehmungsforschung geht auf den amerikanischen Psychologen James J. Gibson (1904 -1979) zurück. Die vorherrschende Vorgehensweise der Forschung zwischen 1950 und 1980 bestand darin, sich nicht bewegenden Versuchspersonen Objekte im Labor zu präsentieren. Gibson war der Auffassung, dass diese traditionelle Forschungsmethode nicht die Wahrnehmung sich bewegender Betrachter erklären kann – das, was Piloten bei der Landung oder Radfahrer und Fußgänger im Straßenverkehr wahrnehmen. Richtiger wäre, so glaubte Gibson, zu untersuchen, wie Menschen ihre Umgebung wahrnehmen, während sie sich in dieser Umgebung bewegen. Mit dem Hauptfokus auf den Betrachter, der sich in seiner Umgebung bewegt, wurde der Grundstein für den ökologischen Ansatz der Wahrnehmungsforschung gelegt. Der ökologische Ansatz richtet seine Aufmerksamkeit darauf, sich bewegende Betrachter zu untersuchen und festzustellen, wie deren Eigenbewegung Information für die Wahrnehmung liefert, die herangezogen wird, um die weitere Bewegung zu steuern und um die Umwelt wahrzunehmen (vgl. Goldstein, 2015, S. 154).

Für Gibson stellte sich die zentrale Frage: „Welche Information benutzen Wahrnehmende, während sie sich durch die Umwelt fortbewegen?" Als eine solche Information identifizierte Gibson den optischen Fluss. Wenn sich Beobachtende durch ihre Umgebung bewegen, dann führen ihre Eigenbewegungen dazu, dass sich die Objekte in ihrer Umgebung *relativ* zu sich bewegen, selbst wenn diese Objekte im Ruhezustand sind. Diese Bewegung der Umgebung wird optischer Fluss genannt (vgl. Goldstein, 2008, S. 239).

Der optische Fluss ist in der Nähe des Beobachtenden schneller als in größerer Entfernung. Der Unterschied im Ausmaß des Flusses – die Abnahme der Fließgeschwindigkeit zur beobachtenden Person – wird als Bewegungsgradient bezeichnet. Der Bewegungsgradient liefert nach Gibson Information über die Geschwindigkeit des Betrachtenden (vgl. Goldstein, 2015, S. 154).

Eine bedeutsame Eigenschaft des optischen Flusses ist, dass es einen Punkt gibt, in dem keine Bewegung sichtbar ist. Dieser Punkt wird als Expansionspunkt bezeichnet (vgl. Goldstein, 2008, S. 239).

Gibson identifizierte mehrere wichtige Eigenschaften des optischen Flusses. Zum einen ist es eine Information, anhand derer sich bewegende Betrachter die Geschwindigkeit und Richtung ihrer Bewegung ermitteln können. Des Weiteren handelt es sich beim optischen Fluss um selbstproduzierte Information. Der Fluss wird durch die Bewegung der Betrachter hervorgerufen und liefert dann wiederum perzeptuelle Information, die den Betrachtern bei der Kontrolle weiterer Bewegungen hilft. Gibson beschreibt diese reziproke Beziehung zwischen Bewegung und Wahrnehmung durch die Feststellung, dass der Mensch wahrnehmen muss, um sich bewegen zu können, und dass er sich bewegen muss um wahrzunehmen. Die Bewegung erzeugt den optischen Fluss, der wiederum Information liefert, die die weitere Bewegung steuert (vgl. ebd.).

Ein weiteres bedeutsames Konzept des ökologischen Ansatzes ist der Begriff der invarianten Information. Dabei handelt es sich um Information, die ungeachtet der Bewegung des Betrachtenden konstant bleibt. Der optische Fluss liefert eine invariante Information, die zur Verfügung steht, während sich die betrachtende Person in ihrer Umgebung bewegt. Zwar kann sich der Fluss selbst verändern, während sich der Betrachtende in seiner Umgebung bewegt, aber der Fluss ist immer da. Der Expansionspunkt ist ebenfalls invariant, da er sich immer in der Fortsetzung der Bewegungsrichtung des Betrachtenden befindet (vgl. ebd., S. 240; Goldstein, 2015, S. 155).

Ein weiterer Begriff den Gibson eingeführt hat ist der des Texturgradienten. Ein Texturgradient liegt dann vor, wenn Elemente, die in einer Szenerie gleiche Abstände aufweisen, mit steigender Entfernung dichter gepackt erscheinen (vgl. Goldstein, 2008, S. 240). Texturgradienten sind ebenfalls Invarianten, da die Entfernungsinformation des Gradienten unabhängig von der Position eines Beobachtenden einer Szene erhalten bleibt (vgl. Müsseler, 2017, S. 39).

In seinen späteren Arbeiten führte Gibson das Konzept der „affordances" in seiner ökologischen Wahrnehmungstheorie ein. Das Konzept der Affordanz beruht auf dem Gedanken, dass Umweltmerkmale in Form von Angeboten (affordances) relativ zu gegebenen Handlungsabsichten und Handlungsmöglichkeiten wahrgenommen werden. Das Wahrnehmen von Umweltmerkmalen und je gegebene Handlungspotenziale stehen in einer Wechselbeziehung. Die Wahrnehmung von Umweltmerkmalen ist nur für diejenigen Personen als Handlungsangebote wahrnehmbar, die über entsprechende Aktionsmöglichkeiten verfügen. Beim Fehlen entsprechender Aktionsmöglichkeiten werden Umweltgegebenheiten in der Wahrnehmung anders bestimmt (vgl. Scherer & Bietz, 2013, S. 117).

"What we perceive when we look at objects are their affordances, not their qualities, we can discriminate the dimensions of difference if required to do so in an experiment, but what the objects afford us, is what we normally pay attention to" (Gibson, 1979, S.133).

Affordances verweisen darauf, dass die Initiierung einer Handlung neben einer Antizipation ihrer Effekte immer auch Ausgangsbedingungen voraussetzt, die ihre Ausführung möglich machen. Gibson spricht in diesem Zusammenhang auch vom „functional layout", das Objekte für bestimmte Handlungen geeignet aussehen lässt (vgl. Hoffmann, 1993, S. 33).

2.1.2 Theorie des Wahrnehmungszyklus

Die Weiterführung von Gibsons Gedanken findet sich im Modell des Wahrnehmungszyklus von Ulric Neisser wieder (vgl. Loibl, 1990, S. 24). Neisser zufolge findet Wahrnehmung in einem Handlungskontext unter der Führung antizipierender Schemata, die das Gedächtnis bereitstellt, statt (vgl. ebd.). „Weil wir nur sehen können, wonach wir zu suchen vermögen, bestimmen diese Schemata (zusammen mit der wirklich verfügbaren Information), was wahrgenommen wird" (Neisser, 1979, S. 26). Das Gedächtnis leitet demzufolge den Wahrnehmungsvorgang, indem es die zu erwartenden Informationen vorgibt und wird im Prozess der Erkundung der Umweltsituationen durch neue Informationen selbst immer erneuert und erweitert (vgl. Loibl, 1990, S. 24).

2.2 Handlung

> „Von *Handlung* als spezifischer Form des Verhaltens und *Handeln* als konkretem Vollzug wird dann gesprochen, wenn ein Verhalten unter subjektiven Absichten, d. h. intentional in aktiver Auseinandersetzung mit der Umwelt organisiert wird; dies schließt sowohl *absichtliches Tun* (z. B. Ausführen eines Freiwurfs) als auch *absichtliches Unterlassen* (z. B. bewusst unterlasse Hilfeleistung) ein" (Nitsch, 2006, S. 26).

„Bewegungen sind dagegen zum einen die motorischen Anteile der Handlung und zum anderen motorische Aktivitäten, die nicht zielgerichtet sind" (Elsner & Prinz, 2006, S. 286).

Bezogen auf Sport sind Handlungen in sich abgeschlossene, zeitlich und inhaltlich strukturierte Einheiten der sportlichen Aktivität, die auf das Erreichen eines bestimmten Ziels gerichtet sind. In den meisten Sportarten ist der Vollzug jeder Wettkampfübung, z.B. eines leichtathletischen Wurfs, als mehr oder weniger komplexe Handlung zu verstehen, die sich aus einer Reihe von Teilhandlungen aufbaut. In bestimmten Sportarten überwiegen Handlungsketten, also ganze Folgen von Handlungen, die einem gemeinsamen strategischen Ziel untergeordnet sind (vgl. Meinel & Schnabel, 2015, S. 29).

Das vorliegende Kapitel beschäftigt sich mit zwei theoretischen Ansätzen zur Erklärung menschlichen Handelns: dem sensomotorischen Ansatz und dem ideomotorischen Ansatz.

2.2.1 Sensomotorischer Ansatz

René Descartes gilt als ein bekannter historischer Vertreter des sensomotorischen Ansatzes. Dieser Ansatz beinhaltet die Überlegung, dass Handlungen die Fortsetzung der Wahrnehmung mit anderen Mitteln sind (vgl. Hommel & Nattkemper, 2011, S. 3). Wie Descartes' Konzeptionsskizze (Abbildung 1) zu entnehmen ist, leitet die visuelle Wahrnehmung eingehende Informationen an eine Schaltzentrale weiter, wo eine dem wahrgenommen Ereignis angemessene Reaktion ausgewählt und durch die Ansteuerung der beteiligten Muskulatur eingeleitet wird (vgl. ebd.). Descartes hatte die Vorstellung, dass die Sinnesorgane durch kleine Fäden mit der Zirbeldrüse des Gehirns verbunden sind (vgl. Kunde, 2017, S. 823). Über diese mechanische Verbindung versetzt eine Stimulation der Sinnesorgane die Zirbeldrüse in Bewegung, die daraufhin Flüssigkeit absondert, was wiederum über ein hydraulisches System zu den Muskeln Körperbewegungen verursacht (ebd.).

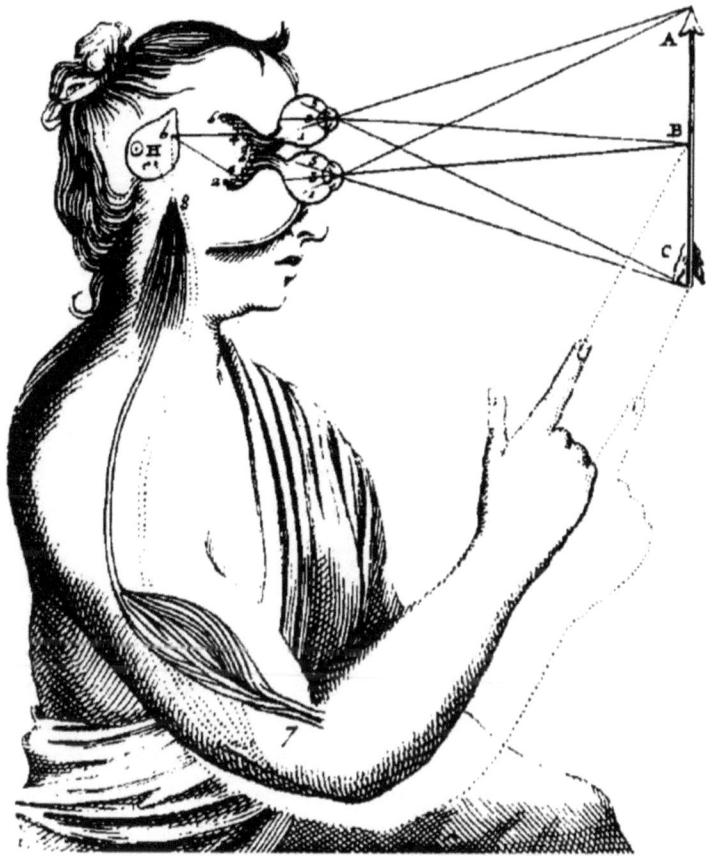

Abbildung 1: Descartes' Skizze zum Zusammenhang von Wahrnehmung und Handlung (entnommen aus Prinz, 1997, S. 132).

Bis weit in die 80er Jahre dominierte das sensomotorische Denkmodell die Vorstellung menschlicher Handlungsplanung- und Steuerung. Diesem Ansatz nach stellen Handlungen die Endstrecke des sensomotorischen Bogens dar. Damit bilden sie das Schlussglied einer Kette von Ereignissen, die am Sinnesorgan beginnt und am Muskel endet. Handlungen kommen entsprechend dieser Vorstellung eigentlich nur als Folge von Wahrnehmungsprozessen zu Stande; sie werden als Reaktionen auf die Wahrnehmung äußerer Ereignisse initiiert und sind damit zeitlich und kausal Folgen von Reizen. In sensomotorischen Theorien werden Wahrnehmung und Handlung als unabhängige Verarbeitungsstufen aufgefasst. Das impliziert, dass Wahrnehmungsprozesse abgeschlossen sein müssen, ehe eine Handlung initiiert werden kann, und dass Reizeigenschaften nur als Ganzes, d. h. als Teil der Wahrnehmung, die Handlung beeinflussen können (vgl. Hommel & Nattkemper, 2011, S. 68f.).

2.2.2 Ideomotorischer Ansatz

Während in den letzten Jahrzehnten sensomotorische Theorien dominierten, spielte der ideomotorische Ansatz nur eine nebengeordnete Rolle. Im Gegensatz zu dem sensomoto-rischen Ansatz kann der ideomotorische Ansatz jedoch mit Ähnlichkeitsbeziehungen zwischen Handlung und Wahrnehmung umgehen und Imitation und imitationsähnliche Verhaltensweisen erklären. Darüber hinaus zeigen jüngere Ergebnisse aus der Neurophysiologie die Existenz von Hirnstrukturen, die Handlung und Wahrnehmung gemeinsam verarbeiten (vgl. Wohlschläger & Prinz, 2003, S. 11).

Der ideomotorische Erklärungsansatz setzt nicht am Reiz und bei dessen Wahrnehmung an, sondern bei der Intention zum Handeln. Danach ist eine Handlung nicht die Folge von Wahrnehmung, sondern das Mittel zur Erreichung eines intendierten Ziels und damit die Folge von Intentionen (vgl. ebd.; Steggemann-Weinrich, 2014, S. 18).

Intentionales Handeln setzt in der Ideomotorik Wissen darüber voraus, welche Handlungseffekte mit einer bestimmten Handlung erzielt werden können. Die Auswahl einer Handlung erfolgt dann auf Grundlage eines Vergleichs zwischen den antizipierten Handlungseffekten und dem angestrebten Handlungsziel: Im ideomotorischen Ansatz beginnt die theoretische Analyse der Handlungskontrolle nicht beim einer Handlung vorausgehenden externen Reiz, sondern beim Wechselspiel zwischen einer Intention und der Auswahl intentionsdienlicher Handlungen. Danach sind Reize nicht die Ursache von Handlungsentscheidungen, sondern deren Ergebnis. Woher die jeweiligen Handlungsintentionen kommen und wie Handlungen durch Umweltbedingungen informiert und angepasst werden, bleibt im ideomotorischen Ansatz unbeantwortet (vgl. Hommel & Nattkemper, 2011, S. 11).

2.2.3 Die Verschränkung von Wahrnehmung und Handlung

In der Literatur beschreiben zahlreiche Autoren die enge Verzahnung zwischen Wahrnehmung und Handlung. Jakob von Uexkülls (1921) Konzept der subjektiven Umwelt beinhaltet beispielsweise sowohl die wahrnehmbaren Eigenschaften von Umweltereignissen (die Merk-welt) als auch die Tätigkeiten, die man mit ihnen ausführen kann (die Wirkwelt) (vgl. Hommel &

Nattkemper, 2011, S. 5). „Merkwelt und Wirkwelt bilden gemeinsam eine geschlossene Einheit, die Umwelt" (Uexküll, 1921, S. 22). Zwischen beiden besteht eine Wechselwirkung (vgl. ebd., S. 27).

Diese Verflechtung findet sich auch bei Gibson wieder. Die Augen als Empfänger visueller Information sind in ein bewegliches System von Augen-, Kopf- und Körperbewegungen integriert. Dabei liefert die visuelle Information auf der einen Seite die Basis für motorische Aktionen, diese sind auf der anderen Seite notwendige Voraussetzung für visuelle Information: Erkunden der Umwelt auf handlungsrelevante Information hin bedingt ein bewegliches Wahrnehmungssystem – man muss seinen Blick lenken, um zu sehen, anfassen, um zu spüren (vgl. Loibl, 1990, S. 24).

Weitere Ansätze, die sich mit der Interaktion zwischen Wahrnehmung und Handlung befassen, heben ebenfalls hervor, dass, im Gegensatz zu klassischen kognitiven Ansätzen, Wahr-nehmung und Handlung nicht als separat betrachtet werden sollten. Im common-coding-Ansatz von Prinz und in der Theorie der Ereigniscodierung von Hommel und Kollegen werden betont, dass Wahrnehmung und Handlung zumindest teilweise gemeinsame Repräsentationen und direkte Verbindungen haben[1] (vgl. Rieger & Wenke, 2017, S. 776).

Handlungen sind letztlich auch rezeptiv, indem sie neue Einblicke in die Umwelt ermöglichen (vgl. Hommel & Nattkemper, 2011, S. 5). Hommel und Nattkemper schlagen vor, „nicht mehr von Wahrnehmung und Handlung zu reden, sondern von rezeptiven und produktiven Funktionen bzw. Aspekten menschlichen Verhaltens" (ebd.).

2.3 Aufmerksamkeit

In einer frühen Definition bezeichnet William James (1890) den Begriff Aufmerksamkeit als die klare und lebhafte Besitzergreifung des Geistes von einem Objekt oder Gedanken aus zahlreichen simultanen Objekten oder Gedanken. Daraus lässt sich ableiten, dass einige Dinge ausgeblendet werden, um effektiver mit anderen Dingen arbeiten zu können. Die Begriffsabgrenzung zeigt, dass die Aufmerksamkeit unter anderem gewährleistet, aus dem „Rauschen" der Umweltreize diejenigen herauszufiltern, die relevant sind. Ein zentrales Anliegen der Aufmerksamkeitsforschung ist es, die Frage zu beantworten, welche Informationen momentan wichtig sind. Hierzu gilt es zunächst, zwischen visueller Aufmerksamkeit und visueller Wahrnehmung zu unterscheiden. Obwohl beide Prozesse eng miteinander verzahnt sind, sind sie nicht identisch. Wahrnehmung kann als die Basis für das Erkennen bzw. Identifizieren von Objekten betrachtet werden und stellt somit die Grundlage der menschlichen Erfahrung und des Verhaltens dar. Das heißt, dass Wahrnehmungsprozesse eine Sammelbezeichnung für all diejenigen Aktivitäten sind, die der Informationsaufnahme dienen und auch kognitive

---

[1] Die genannten Theorien werden im Rahmen dieser Arbeit nicht näher erläutert. Für weiterführende Literatur siehe Prinz, 1997, S. 129-154 sowie Hommel et al., 2001, S. 849–937.

Prozesse wie Aufmerksamkeit, Gedächtnis und exekutive Funktionen beinhalten. Aufmerksamkeits- und Wahrnehmungsprozesse sind jedoch nicht gleichzusetzen. Stattdessen wird Aufmerksamkeit als Subprozess der Wahrnehmung angesehen, dessen Aufgabe es ist, die für den Organismus relevanten Aspekte der Welt aus dem verfügbaren riesigen Informationspool zu selektieren. Aus diesem Grund hat sich in der Psychologie und den Neurowissenschaften ein Verständnis von Aufmerksamkeit etabliert, welche sie als Selektion relevanter Stimuli und als selektive Strukturierung des Wahrnehmungsfeldes versteht (vgl. Furley & Memmert, 2009, S. 33).

Memmert unterteilt die Aufmerksamkeit in vier Subprozesse: die Aufmerksamkeitsorientierung, die selektive Aufmerksamkeit, die geteilte Aufmerksamkeit und die Konzentration (vgl. Memmert, 2014, S. 118).

2.3.1 Aufmerksamkeitsorientierung

Die Aufmerksamkeitsorientierung dient der Lenkung auf besonders auffällige Reize oder Besonderheiten eines Reizes. Dabei wird die Aufmerksamkeit auf einen Bereich fokussiert („einloggen") bzw. de-fokussiert („ausloggen"). Die Orientierung der Aufmerksamkeit auf einen bestimmten Stimulus erleichtert die Verarbeitung derjenigen Informationen, die sich im Fokus der Aufmerksamkeit befinden. Entsprechend wird die Informationsverarbeitung erschwert, wenn ein Stimulus sich außerhalb des Aufmerksamkeitsfokus befindet (vgl. Furley & Memmert, 2009, S. 34).

> „Ein Mitspieler der gegenüberliegenden Seite des Spielfeldes signalisiert durch Arm-heben seine Anspielbereitschaft. Der ballführende Spieler richtet daraufhin seinen Aufmerksamkeitsfokus auf diesen Spieler, um einen langen Pass zu spielen" (Hänsel et al., 2016, S. 35).

2.3.2 Selektive Aufmerksamkeit

Bei der selektiven Aufmerksamkeit wird die Aufmerksamkeit zu einem bestimmten Zeitpunkt auf einen von mehreren konkurrierenden Stimuli gerichtet (vgl. ebd., S. 36). Die selektive Aufmerksamkeit steht in einem engen Bezug zur Aufmerksamkeitsorientierung, da beide Subprozesse die Lenkung der Aufmerksamkeit beeinflussen (vgl. Memmert, 2014, S. 120). Der Unterschied wird erst bei näherer Betrachtung deutlich: Die selektive Aufmerksamkeit ist für die Auswahl eines Reizes aus mehreren Reizen verantwortlich, die Aufmerksamkeitsorientierung ist anschließend dafür zuständig, dass die Aufmerksamkeit auf diesen ausgewählten Reiz gerichtet wird (vgl. Hänsel et al., 2016, S. 36). Neurophysiologische Studien zeigen, dass bei beiden Aufmerksamkeitsprozessen unterschiedliche Gehirnareale aktiviert werden (vgl. Furley & Memmert, 2009, S. 34).

> „Vor der Ausführung eines Eckballs werden die Pfiffe und Buhrufe des gegnerischen Publikums ausgeblendet. Die Aufmerksamkeit ist voll und ganz auf die starken Kopfballspieler gerichtet, zu denen der Ball präzise gespielt werden soll" (Hänsel et al., 2016, S. 36).

2.3.3 Geteilte Aufmerksamkeit

Die geteilte Aufmerksamkeit beschreibt das, was umgangssprachlich als „Multitasking" verstanden wird (vgl. ebd., S. 38). Die Aufmerksamkeit wird gleichzeitig auf unterschiedliche Stimuli gerichtet und ermöglicht die Realisierung von Mehrfachaufgaben (vgl. ebd.). Aufgrund limitierter Informationsverarbeitungskapazität ist es nicht möglich, sämtliche Informationen in der Umgebung aufzunehmen (vgl. Furley & Memmert, 2009, S. 34). Viele Sportarten erfordern jedoch, mehrere Objekte (z. B. den Ball, Mitglieder der eigenen und gegnerischen Mannschaft) möglichst gleichzeitig im Auge zu behalten (vgl. Hänsel et al., 2016, S. 38). In diesem Zusammenhang wird der Bereich, innerhalb dessen eine Person zwei Stimuli simultan wahrnehmen kann, als Aufmerksamkeitsfenster bezeichnet (vgl. ebd.). „Ein Basketballspieler sichert den Ball dribbelnd ab, während er das Spielfeld nach freien Mitspielern „scannt"" (ebd.).

2.3.4 Konzentration

Der Subprozess der Konzentration bezeichnet die Fähigkeit, die Aufmerksamkeit über einen längeren Zeitraum auf einen spezifischen Reiz, auf einen Bereich des Wahrnehmungsfeldes, auf ein Ereignis oder eine Tätigkeit zu lenken (vgl. Furley & Memmert, 2009, S. 35). Konzentration wird oft synonym mit dem Begriff Vigilanz verwendet (vgl. Memmert, 2014, S. 127). Vigilanz meint jedoch die Aufrechterhaltung der Aufmerksamkeit über einen Zeitraum von mehreren Minuten oder Stunden (z. B. wenn man konzentriert einen Text liest) (vgl. Hänsel et al., 2016, S. 40). Die Konzentration ist dagegen auf eine kürzer andauernde Zeitspanne von Sekunden bis Minuten begrenzt (vgl. Memmert, 2014, S. 127). „Ein Fußballspieler fixiert den Ball eines auf ihn gespielten 60-m-Passes ohne Unterbrechung, um diesen schließlich spielbar aus der Luft annehmen zu können" (vgl. Hänsel et al., 2016, S. 40).

2.4 Antizipation

„Bei einem hart geschossenen Elfmeter im Fußball überquert der Ball nach ca. 500 ms die Torlinie. Reagiert der Torhüter erst auf den sichtbaren Ballflug, kann er sich maximal 2 m zur Seite bewegen, bevor der Ball die Torlinie erreicht. Ein Torhüter muss sich also bereits vor der Ballberührung für eine Ecke des Tors entscheiden, um bei einem platziert geschossenen Elfmeter noch eine Abwehrchance zu haben" (Hagemann und Loffing 2013, S. 562).

Das obige Beispiel verdeutlicht, dass der Erfolg solcher Situationen im Sport u. a. davon abhängt, dass Spielerinnen und Spieler von (Bewegungs-)Merkmalen in der frühen Phase der Bewegungsausführung auf die eigentliche Aktionsrichtung der Gegenspielerin bzw. des Gegenspielers schließen, d. h. sie müssen das Ergebnis der Bewegungsausführung antizipieren (vgl. Hagemann und Loffing, 2013, S. 562). Hagemann und Loffing definieren den Begriff Antizipation als die gedankliche Vorwegnahme eines (Bewegungs-)Ereignisses mit dem Ziel, die eigene motorische Handlung zeitlich adäquat daran ausrichten zu können (vgl. ebd.). Antizipationsprozesse bilden somit die Schnittstelle zwischen Wahrnehmung und Aufmerksamkeit (vgl. Hänsel et al., 2016, S. 32). Neben bewegungsbezogenen Informationen fließen auch taktische Überlegungen, Situationsfaktoren (z. B. gegnerische Position auf dem Platz) sowie Kenntnisse über individuelle Spieleigenschaften von Gegnerinnen und Gegnern in den Entscheidungsprozess ein (vgl. Hagemann und Loffing 2013, S. 562).

3 Wahrnehmungstraining im Sport

Obwohl in bestimmten Sportspielen (z. B. Volleyball) der perzeptuell-kognitiven Leistungsfähigkeit ein hoher Stellenwert beigemessen wird, wird entweder häufig davon ausgegangen, dass Spielerinnen und Spieler diese Fähigkeiten genetisch determiniert besitzen sollten bzw. dass entsprechende Skills nicht isoliert trainierbar seien oder beiläufig mittrainiert werden. Aus diesen Gründen werden sie vielfach gegenüber konditionellen und technischen Fähigkeiten vernachlässigt. Im Hinblick auf den Spitzensport können jedoch perzeptuell-kognitive Leistungen einen entscheidenden Einfluss auf die sportliche Leistungsfähigkeit haben (vgl. Fleddermann, Zentgraf, Wolf & Bergmann, 2018, S. 6).

Das vorliegende Kapitel stellt zunächst die Wahrnehmungsfähigkeiten von Expertinnen und Experten heraus und zeigt Möglichkeiten, wie die Wahrnehmungsleistung verbessert werden kann.

3.1 Merkmale von Expertise im Sport

Expertise im Sport setzt sich gemäß Janelle und Hillman aus physiologischen, technischen, emotionalen und kognitiven Fähigkeiten zusammen (vgl. Janelle & Hillman, 2003, S. 21). Dabei werden diejenigen Personen als Expertinnen und Experten bezeichnet, „die auf Basis langer Übungs- und Trainingsprozesse in ihrer Sportart, besondere, überdurchschnittliche Leistungen erzielen" (Munzert, 1995, S. 123).

In diesem Zusammenhang formulierten Ericsson und Lehmann die sogenannte 10-Jahres-Regel (vgl. Ericsson und Lehmann, 1996, S. 278). Gemäß dieser wird Expertise in einer spezifischen Domäne bzw. Sportart erst nach zehn Jahren und etwa 10.000 Trainingsstunden erreicht (vgl. ebd.). Zielorientiertes Training über einen Zeitraum von mindestens 10 Jahren bildet den Rahmen der sogenannten „deliberate practice" Theorie (vgl. Ericsson, Krampe & Tesch-Römer, 1993, S. 373ff.).

In der Vergangenheit hat die Expertiseforschung eine Reihe von Untersuchungen zur Ermittlung von Expertisemerkmalen durchgeführt. Expertinnen und Experten sind im Vergleich zu Novizinnen und Novizen:

- schneller, wenn sie relevante Gegenstände entdecken und identifizieren sollen;
- schneller und präziser, wenn sie Muster innerhalb ihres Expertisebereiches sowie in strukturell verwandten Sportarten erkennen und bestimmen sollen;

- überlegen, wenn sie die Handlungen einer Gegnerin bzw. eines Gegners antizipieren sollen, was sie u. a. durch einen stärkeren Automatisierungsgrad erreichen;
- und sind besser in der Lage, ihre eigenen Handlungen zu planen (vgl. Farrow & Abernethy, 2007, S. 72).

Als Erklärungen werden zwei Ansätze herangezogen. Ein Ansatz versucht zu zeigen, dass Expertinnen und Experten über bessere genetische Voraussetzungen verfügen als Novizinnen und Novizen. Dabei werden beispielsweise einzelne Variablen der visuellen Wahrnehmungsfähigkeit wie z. B. das Tiefensehen, das periphere Sehen, die Farberkennung etc. auf mögliche Leistungsunterschiede zwischen Expertinnen bzw. Experten und Novizinnen bzw. Novizen untersucht. Die Ergebnisse konnten diese Theorie jedoch nicht bestätigen (vgl. Cañal-Bruland, Hagemann & Strauß, 2006, S. 263).

Dem anderen Ansatz zufolge verfügen Expertinnen bzw. Experten über eine bessere „Software", d.h. über effizientere visuelle Informationsverarbeitungsprozesse und umfangreichere Wissensrepräsentationen, woraus sich deren Überlegenheit gegenüber Novizinnen bzw. Novizen ergibt. Für diese Annahme, die nicht von unterschiedlichen genetischen Voraussetzungen ausgeht, gibt es eine Reihe empirischer Belege (vgl. ebd.).

3.2 Generalisierte Trainings zur visuellen Wahrnehmung

Allgemeine visuelle Wahrnehmungstrainings nehmen für sich in Anspruch, visuelle Fähigkeiten, wie beispielsweise das Tiefensehen, das periphere Sehen etc. zu verbessern und diese Verbesserung auf die sportartspezifische Leistung zu transferieren (vgl. Cañal-Bruland, 2008, S. 70). Sogenannte „Sports Vision Trainings" oder „Eye Exercise Programs" werden seit mehr als 30 Jahren von diversen Autoren empfohlen bzw. vorgestellt (vgl. Jendrusch & Voigt, 2015, S. 35). Zu den sportartunspezifischen Übungen dieser kommerziellen Programme gehören u. a. „Augenrollen", Augenmuskel „Stretching", schnelle horizontale und diagonale Blicksprünge, Augenkreisen, „Scharfstellen" (akkommodieren auf Objekte in unterschiedlichen Entfernungen) etc. (vgl. ebd.). Bislang konnten jedoch keine positiven Effekte hinsichtlich einer Verbesserung der Wahrnehmungsleistung sowie insbesondere der sportspezifischen Leistungsfähigkeit nachgewiesen werden (vgl. ebd.). Auch Abernethy und Wood konnten am Beispiel der Sportart Tennis nicht nachweisen, dass generalisierte visuelle Wahrnehmungstrainings Einfluss auf sportartspezifische Wahrnehmungsleistungen und somit auf die Leistungsfähigkeit von Tennisspielerinnen und -spielern haben (vgl. Abernethy & Wood, 2001, S. 217).

3.3 Sportartspezifische Wahrnehmungstrainings

Die sportartspezifische Trainierbarkeit der visuellen Informationsverarbeitungsprozesse ist in verschiedenen Sportarten belegt (vgl. Cañal-Bruland, 2008, S. 70f.). Zu diesen Sportarten zählen u. a. Mannschaftsspiele wie Volleyball, Basketball, Feldhockey und Fußball, aber ebenso Rückschlagsportarten wie Squash, Badminton und Tennis (vgl. ebd., S. 71). Sport-artspezifische Trainingsprogramme sollen die Fähigkeit verbessern, bedeutungshaltige Infor-mationen aus dem visuellen Display zu extrahieren (vgl. Cañal-Bruland et al., 2006, S. 265). Als Untersuchungsmethoden kamen im Großteil der Studien videobasierte Simulationstests und –trainings zum Einsatz (vgl. ebd.). Im Folgenden wird eine Studie zum sportartspezifi-schen Wahrnehmungstraining exemplarisch vorgestellt.

Farrow, Chiver, Hardingham und Sachse befassten sich 1998 in ihrer Studie mit dem Einfluss eines videobasierten Wahrnehmungstrainings auf Aufschlagreturns im Tennis. Die Versuchs-personen auf Amateurniveau wurden nach dem Zufallsprinzip in eine Trainings-, Placebo- und Kontrollgruppe (kein Training) eingeteilt. Das Training der Placebogruppe bestand darin, Vi-deoausschnitte von professionellen Tennisbegegnungen anzuschauen. Die Trainingsgruppe schaute sich Videomaterial an, das mit der zeitlichen Verschlusstechnik bearbeitet war, mit dem Fokus auf bestimmte Bewegungsparameter, die für die Vorhersagbarkeit der Flugrichtung nützlich sind. Die Ergebnisse der Studie zeigen signifikant schnellere Reaktionszeiten der Trai-ningsgruppe im Vergleich zu den anderen beiden Gruppen (vgl. Farrow, Chiver, Hardingham und Sachse, 1998, S. 231ff.; Cañal-Bruland, 2008, S. 71).

3.4 Instruktionen

In Auseinandersetzung mit motorischem Lernen bzw. mit Lernen im Allgemeinen stellt sich die Frage, wie dieser Prozess effektiver, effizienter, einfacher etc. gestaltet werden kann. Aus Sicht der Motorikforschung werden vorwiegend das Arrangement der Übungsbedingungen und der Einsatz ergänzender Informationen betrachtet. Ergänzende Informationen meinen As-pekte der Lernsituation wie Rückmeldung, Modellvorgabe oder Instruktion (vgl. Hänsel, 2003, S. 265).

> Instruktion „bezeichnet alle Methoden, die einem Lernenden oder Athleten Vorstellungen oder Richtlinien vermittelt, was die Bewegungsaufgabe beinhaltet, wie sie zu lösen ist und wie Bewegungen idealerweise auszuführen sind" (Munzert & Maurer, 2007, S. 193).

In diesem Zusammenhang ergibt sich für Trainerinnen und Trainer sowie für Lehrerinnen und Lehrer die Aufgabe, die Erkenntnisse aus der visuellen Aufmerksamkeits- und Wahrneh-mungsforschung werden zu nutzen, um Athletinnen und Athleten in verschiedenen Sportarten so zu instruieren und zu trainieren, dass sie möglichst schnell lernen, ihre visuelle Aufmerk-samkeit effizient auf relevante Merkmale zu richten (vgl. Cañal-Bruland, 2008, S. 62).

In unterschiedlichen Lernphasenmodellen wird angenommen, dass für eine Bewegungsaus-führung in Abhängigkeit des Lernstadiums unterschiedliche Aufmerksamkeitsleistungen erfor-derlich sind. Die Modelle gehen davon aus, dass im Anfangsstadium des Lernens, in der kog-nitiven Phase, zunächst eine grundlegende Ausführungsstruktur erworben werden muss. In dieser Lernstufe wird die zu erlernende Fertigkeit schrittweise ausgeführt, was eine Ausrich-tung der Aufmerksamkeit auf die einzelnen Bewegungsaspekte erfordert und zu einer eher langsamen und wenig fließenden Bewegung führt. Extensives Üben führt irgendwann zum Erreichen der höchsten (autonomen) Phase, in der der Ausführung eine prozeduralisier-te Bewegungsstruktur zugrunde liegt. Die Fertigkeit ist nicht mehr explizit zugänglich und sie erfordert keine aufmerksame Kontrolle – sie wird mühelos und fließend ausgeführt, und die Aufmerksamkeit kann auf andere Aspekte (z. B. Position der Teammitglieder) gelenkt werden. Erfolgt in dieser Phase die Lenkung der Aufmerksamkeit auf die Bewegungsausführung, so prognostizieren die Lernphasenmodelle eine Ausführungsverschlechterung, da die automatische, prozedurale Ausführung gestört wird. Eine Vielzahl von Studien bestätigten die Vorhersagen der klassischen Lernphasenmodelle (vgl. Munzert & Maurer, 2007, S. 196).

Daran anschließend lässt sich nun fragen, auf welche Aspekte die Aufmerksamkeit gerichtet werden sollte, um den Lernprozess zu unterstützen (vgl. Ehrlenspiel & Maurer, 2007, S. 5). In Lernsituationen können sich Instruktionen auf die Aufmerksamkeit der Bewegung selbst bzw. deren Ausführung (internal) oder auf die durch die Bewegung verursachten Effekte (external) beziehen (vgl. Hänsel, 2003, S. 270f.; ebd.). Eine Reihe von Untersuchungen beschäftigte sich mit der Wirkung internaler und externaler Bewegungsfokussierungen. Folgende Ergebnisse wurden dabei ermittelt:

- Die Instruktion einer externalen Aufmerksamkeitslenkung ist für das Neulernen einer (komplexen) motorischen Aufgabe effektiver als ein internaler Fokus.
- Die Instruktion eines externalen Fokus ist auf den Effekt der Bewegung zu beziehen, nicht auf einen beliebigen Reiz in der Umgebung.
- Die Instruktion eines externalen Fokus ist bis zu einem gewissen Grad effektiver, wenn ein „entfernterer" Bewegungseffekt angesprochen wird (räumliche Distanz zwischen Körper und Effekt) (vgl. Hänsel, 2003, S. 271).

Es bleibt allerdings festzuhalten, dass sich die bisherigen Untersuchungen auf Novizinnen und Novizen beschränken und somit nur Aussagen über den Einstieg in den Lernprozess liefern (vgl. Munzert & Maurer, 2007, S. 196).

16

4 Fazit

Im Rahmen der Arbeit konnte gezeigt werden, dass sich die Unterschiede zwischen Expertinnen bzw. Experten und Novizinnen bzw. Novizen nicht nur auf motorische Fähigkeiten beschränken. Zur Erreichung von Spitzenleistungen im Sport gilt es daher auch, die kognitiven Fähigkeiten, und damit auch die visuelle Wahrnehmung, zu verbessern. In diesem Zusammenhang konnte festgestellt werden, dass sich hierzu sportartspezifische Wahrnehmungstrainings eignen, wohingegen allgemeine Trainings der Wahrnehmung keinen Nutzen hinsichtlich der sportlichen Leistungsfähigkeit bringen. Instruktionen können Lernprozesse von Lernenden unterstützen. Sie sollten sich im Rahmen von Wahrnehmungstrainings nach ihrem Lernstadium richten. Für Novizinnen und Novizen bietet sich der effektorientierte Fokus für Novizinnen und Novizen an. Wissenschaftlich fundierte Empfehlungen für Expertinnen und Experten können mangels entsprechender Befunde nicht gegeben werden.

Literaturverzeichnis

Abernethy, B. & Wood, J. M. (2001). Do generalized visual training programs for sport really work? An experimental investigation. *Journal of Sports Sciences, 19,* 203-222.

Cañal-Bruland, R. (2008). *Aufmerksamkeitsfokus und visuelle Selektion im Sport.* Schorndorf: Hofmann.

Cañal-Bruland, R., Hagemann, N. & Strauß, B. (2006). Wahrnehmungstraining im Sport. In M. Tietjens & B. Strauß (Hrsg.), *Handbuch Sportpsychologie* (S. 262-267). Schorndorf: Hofmann.

Ehrlenspiel, F., & Maurer, H. (2007). Aufmerksamkeitslenkung beim sportmotorischen Lernen: Ein Überblicksartikel zwischen Empirie, Theorie und Perspektiven. *Zeitschrift für Sportpsychologie, 14* (3), 114-122.

Ericsson, K. A., Krampe, R. T. & Tesch-Römer, C. (1993). The role of deliberate practice in the acquisition of expert performance. *Psychological Review, 100,* 363-406.

Ericsson, K. A. & Lehmann, A. C. (1996). Expert and exceptional performance: evidence of maximal adaptation to task constraints. *Annual Review of Psychology, 47,* 273-305.

Farrow, D. & Abernethy, B. (2007). Wahrnehmung von Expertinnen und Experten im Sport: Einige Kernfragen und -probleme. In N. Hagemann, M. Tietjens & B. Strauß (Hrsg.), *Psychologie der sportlichen Höchstleistung* (S. 71-92). Göttingen: Hogrefe.

Farrow, D., Chivers, P., Hardingham, C. & Sachse, S. (1998). The effect of video-based perceptual training on the tennis return of serve. *International Journal of Sport Psychology, 29,* 231-242.

Fleddermann, M.-T., Zentgraf, K., Wolf, C. & Bergmann, R. (2018). Training der geteilten Aufmerksamkeit im (Beach)Volleyball: Durch perzeptuell-kognitive Expertise zum Erfolg. In Bundesinstitut für Sportwissenschaft (Hrsg.), *BISp-Jahrbuch Forschungsförderung 2017/18* (S. 1-6). Hellenthal: Sportverlag Strauß.

Furley, P. & Memmert, D. (2009). Aufmerksamkeitstraining im Sportspiel. *Leistungssport, 39* (3), 33–36.

Gibson, J. J. (1979). *The Ecological Approach to Visual Perception.* Boston: Houghton Mifflin.

Goldstein, E. B. (2008). *Wahrnehmungspsychologie. Der Grundkurs* (7. Aufl.). Heidelberg: Spektrum Akademischer Verlag.

Goldstein, E. B. (2015). *Wahrnehmungspsychologie. Der Grundkurs* (9. Aufl.). Berlin, Heidelberg: Springer-Verlag.

Hagemann, N. & Loffing, F. (2013). Antizipation. In A. Güllich & M. Krüger (Hrsg.), *Sport. Das Lehrbuch für das Sportstudium* (S. 562-564).

Hänsel, F. (2003). Instruktion. In H. Meching und J. Munzert (Hrsg.), *Handbuch Bewegungswissenschaft – Bewegungslehre* (S. 263-280). Schorndorf: Hofmann.

Hänsel, F., Baumgärtner, S. D., Kommann, J. M. & Ennigkeit, F. (2016). *Sportpsychologie.* Berlin, Heidelberg: Springer-Verlag.

Hoffmann, J. (1993). *Vorhersage und Erkenntnis.* Göttingen: Hogrefe.

Hommel, B. & Nattkemper, D. (2011). *Handlungspsychologie. Planung und Kontrolle intentionalen Handelns.* Berlin, Heidelberg: Springer-Verlag.

Janelle, C. M., & Hillman, C. H. (2003). Expert performance in sport. In J. L. Starkes & K. A. Ericsson (Hrsg.), *Expert performance in sports. Advances in research on sport expertise* (S. 19–49). Champaign, IL: Human Kinetics.

Jendrusch, G. & Voigt, H.-F. (2015). Visuelles System und Training – Möglichkeiten, Grenzen und Konsequenzen für die Trainingsarbeit. *Leistungssport, 45* (1), 32-37.

Kunde, W. (2017). Handlung und Wahrnehmung. In J. Müsseler & M. Rieger (Hrsg.), *Allgemeine Psychologie* (S. 821-837). Berlin, Heidelberg: Springer-Verlag.

Loibl, J. (1990). Den Blick lenken, um zu sehen. *Sportpädagogik, 14* (1), 21-29.

Meinel, K. & Schnabel, G. (2015). *Bewegungslehre Sportmotorik. Abriss einer Theorie der sportlichen Motorik unter pädagogischem Aspekt* (12. Aufl.). Aachen: Meyer & Meyer Verlag.

Memmert, D. (2014). Training der Aufmerksamkeitsausrichtung und -lenkung im Sportspiel. In K. Zentgraf & J. Munzert (Hrsg.), *Kognitives Training im Sport* (S. 117-136).

Munzert, J. (1995). Expertise im Sport: Ein kritischer Übersichtsbeitrag. *Psychologie und Sport, 2,* 122-131.

Munzert, J. & Maurer, H. (2007). Instruktion, Übung, Feedback – Schlüsselvariablen auf dem Weg zur motorischen Expertise. In N. Hagemann, M. Tietjens & B. Strauß (Hrsg.), *Psychologie der sportlichen Höchstleistung* (S. 192-217). Göttingen: Hogrefe.

Müsseler, J. (2017). Visuelle Informationsverarbeitung. In J. Müsseler & M. Rieger (Hrsg.), *Allgemeine Psychologie* (S. 13-49). Berlin, Heidelberg: Springer-Verlag.

Neisser, U. (1979). *Kognition und Wirklichkeit.* Stuttgart: Klett Cotta Verlag.

Nitsch, J. R. (2006). Handlungstheoretische Grundlagen. In M. Tietjens & B. Strauß (Hrsg.), *Handbuch Sportpsychologie* (S. 24-34). Schorndorf: Hofmann.

Prinz, W. (1997). Perception and Action Planning. *European Journal of Cognitive Psychology, 9,* 129-154.

Rieger, M. & Wenke, D. (2017). Embodiment und Sense of Agency. In J. Müsseler & M. Rieger (Hrsg.), *Allgemeine Psychologie* (S. 773-819). Berlin, Heidelberg: Springer-Verlag.

Ritter, M. (1986). Einführung. In M. Ritter (Hrsg.), *Wahrnehmung und visuelles System* (S. 7-14). Heidelberg: Spektrum der Wissenschaft.

Scherer, H.-G. & Bietz, J. (2013). *Lehren und Lernen von Bewegungen.* Baltmannsweiler: Schneider.

Steggemann-Weinrich, Y. (2014). *Blicktäuschungen im Sport. Die Wahrnehmung der Blickrichtung und deren Einfluss auf das Erkennen von Handlungsabsichten im Sport.* Dissertationsschrift. Paderborn: Universität Paderborn.

Uexküll, J. v. (1921). *Umwelt und Innenwelt der Tiere.* Berlin: Julius Springer Verlag.

Wohlschläger, A. & Prinz, W. (2003). Handlungssteuerung, Handlungsauswahl und Handlungswahrnehmung. *e-Neuroforum, 9* (1), 11-16.